Küche der Geest

Küche der Geest

ein Kochbuch

zusammengestellt von den
Landfrauen Wildeshausen
und Dötlingen

erschienen in der Buchreihe der
ZEITSCHRIFT NIEDERSACHSEN

Küche der Geest
ein Kochbuch
zusammengestellt von den
Landfrauen Wildeshausen und Dötlingen
Redaktion und Texte: Bernd Oeljeschläger
Fotografie: Ingo Möllers
Lektorat: Katharina Semling
ISBN 3-932292-67-7

Bibliographische Information der Deutschen Bibliothek:
Die Deutsche Bibliothek verzeichnet diese Publikation in der Deutschen Nationalbibliographie;
detaillierte bibliographische Daten sind im Internet über http://dnb.ddb.de abrufbar.

erschienen in der Buchreihe
der Zeitschrift NIEDERSACHSEN
beim Aschenbeck & Holstein Verlag, Delmenhorst und Berlin, Fax. 04221 808222
in Zusammenarbeit mit Culturcon – Concepte für Cultur & Communication, Wildeshausen

Vielen Dank allen Beteiligten!

Und viel Spaß beim Kochen!

»Viele Köche verderben den Brei« ... stimmt nicht immer, denn ohne die Hilfe engagierter Landfrauen wäre dieses Kochbuch gar nicht entstanden!
Wir danken den Landfrauen aus Wildeshausen und Dötlingen für Ihr Interesse und die Mithilfe bei der Zusammenstellung der Rezepte. Ein besonderer Dank gilt der Vorsitzenden Anke Johannes als Ansprechpartnerin. Vielen Dank auch an Elfriede Eilers, die ihr Huder Kochbuch aus den 1920er Jahren zur Verfügung stellte und an Agnes Emme für die Abschriften und Erprobungen der alten Rezepte. Wir danken auch Martin McWilliam, Laurent Lachaud, der Fleischerei Rampf (Delmenhorst), dem Hof Eickhorst (Sandhatten), dem Biohof Voigt (Syke-Gessel), dem Hof Dannemann (Wardenburg-Westerburg) und den anderen landwirtschaftlichen Betrieben der Region, die uns ideell unterstützt haben.

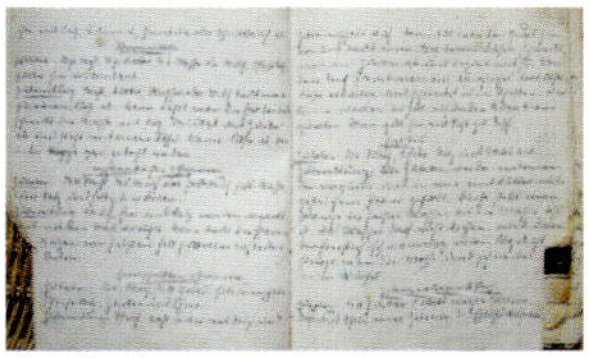

Ein Kochbuch aus den 1920er Jahren, aufgeschrieben von Elfriede Eilers in Hude.

Abwechslung und Vielfalt

Kochen im Jahreslauf

Wer heute kocht, kann alles bekommen. Schließlich wird unser gegenwärtiger Küchenalltag von der Verfügbarkeit der erforderlichen Produkte und Zutaten bestimmt – und macht das Kochen unabhängig von saisonalen Ernten und individueller Vorratshaltung. Genau hiervon war die traditionelle Küche aber noch geprägt: Sie orientierte sich am Jahreslauf und bot, was die Monate und Jahreszeiten hergaben. So entwickelten sich verschiedene Speisen und Rezepte, die den Jahreslauf der Menschen »geschmacklich« begleiteten: Der erste Spargel im Frühjahr, reichhaltiges Gemüse im Sommer, Obstkompotte und Kürbisbrot im Herbst, Grünkohl nach dem ersten Frost, Schlachtplatten und Eintöpfe im Winter. Nach dieser traditionellen Gliederung ist auch dieses Kochbuch aufgebaut ... Es soll Lust machen auf saisonales Kochen, auf die Verfügbarkeit der jeweiligen Zutaten und auf das frische Einkaufen beim Bauern und Direktvermarkter vor Ort. Und auf die zusammengestellten Rezepte der Landfrauen, die bewährte Geschmäcker, lokale Eigenheiten und persönliche Vorlieben weitergeben!

Die Geest

Vielfältige Landschaft

Geest, Marsch und Moor sind die prägenden Naturräume in Nordwestdeutschland. Kaum eine andere Gegend ist so abwechslungsreich und vielfältig gestaltet wie die Regionen zwischen den ostfriesischen Inseln und den Dammer Bergen: Weite Ebenen, lange Deiche, geschwungene Wasserläufe, tiefgrüne Weiden, feuchte Moore, dichte Wälder, einladende Rhododendronparks, sandige Heidehügel, luftiger Kiefern- und Birkenbewuchs, dichte Wallhecken, goldene Getreidefelder, braunschwarze Äcker, seichte Höhenzüge und liebliche Auentäler prägen das landschaftliche Bild im Nordwesten. Geologisch gesehen ist die Geest, im Gegensatz zur fruchtbaren Marsch und dem feuchten Moor, der trockene Boden einer Aufschüttungslandschaft, die vor rund 200.000 Jahren entstand. Ihr Relief besteht aus Lehm, Ton, Kies, Sand und verschiedenen Geröllen – aus Material, das nach der Eiszeit unter den sich von Skandinavien ausdehnenden (und wieder zurückgehenden) Gletschern als Grundmoräne liegen blieb. Vor den Gletschern bildeten sich Urstromtäler, in denen die Schmelzwasser u. a. in die Nordsee flossen und die Flüsse der Landschaft entstehen ließen. In unterschiedlichen Höhen bildeten sich Geestplatten und Geestrücken, auf denen die natürliche und später von den Menschen mitgeformte Landschaft entstand. Ihre heutige Fruchtbarkeit und den Ertragreichtum des Bodens verdankt die Geest der sogenannten »Plaggendüngung«, dem Ausfahren von Heide- und Grassoden mit Viehdung, das etwa seit dem 11. Jahrhundert praktiziert wurde. Die Steigerung des landwirtschaftlichen Nutzens hatte natürlich auch Auswirkungen auf das Angebot, auf die Vielfalt und die Verfügbarkeit der natürlichen Produkte der Geest – und davon profitierte letztlich auch die Entwicklung der regionalen Küche.

Die Küche der Geest

Sprache einer Region

Jede Region hat ihre eigene Küche – mit typischen Rezepten und besonderen Zutaten, mit lokalen Eigenheiten und saisonaler Abwechslung. Diese »Kultur der Küche« ist immer auch eng mit der Landschaft, mit den Produkten und mit den Menschen einer Region verbunden ... schließlich gilt die Küche auch als »Sprache einer Gesellschaft«, wie der Ethnologe Claude Lévi-Strauss einmal sagte.

Regionales Kochen und die Beschäftigung mit der Küche unserer Eltern und Großeltern haben deswegen deutlich an Interesse zugenommen. Zwar sind durch Tiefkühlkost, Fast-Food und Fertiggerichte ganz andere Formen der Zubereitung, exotische Beigaben und neue Zutaten in die Küche eingezogen, aber immer mehr Menschen begeistern sich auch für traditionelles Küchenhandwerk und bewährte Rezepturen ebenso wie für regionales Kochen: Für Rezepte, die ihren Ursprung dort haben, wo die Produkte herkommen. Und die auf das zurückgreifen, was aus der Gegend stammt und in die Region gehört.

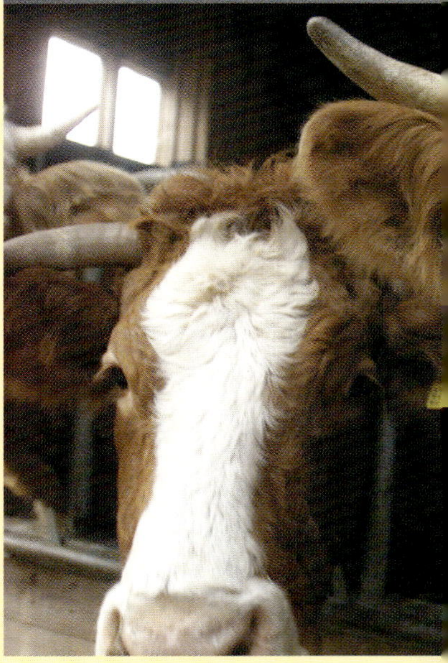

Auf der Geest, im Nordwesten Deutschlands, hat das natürliche Angebot eine reichhaltige Regionalküche hervorgebracht. Kartoffeln, Spargel, Rüben, Kohl und Kürbis gehören zu den hier angebauten Gemüsesorten. Rinder und Schweine, früher auch viele Schafe, wurden auf dem Geestboden gehalten. In Flüssen und Wasserläufen, in Bächen, Seen und Fischteichen leben Forellen, Karpfen und Aale. Die Pilzernte in den herbstlichen Wäldern kann beachtlich sein. Und die winterliche Jagdsaison beschert ein breites Wildangebot.

Mit dem vorliegenden Kochbuch soll diese »Küche der Geest« zusammen gestellt und in schmackhaften wie erprobten Rezepten vermittelt werden. Informationen zu den Produkten und kurze Ausführungen zur Geschichte, zur Landschaft und zur Kultur der Geest geben ein Bild vom Essen, vom Leben und von der »Sprache« dieser Region wieder. Die Rezepte sind von Landfrauen gesammelt und im alltäglichen Umgang erprobt – sie garantieren ein anregendes wie typisches Kochen und ein genussvolles Essen aus der Regionalküche der Geest!

Landwirtschaftlicher Strukturwandel

In der Landwirtschaft kann immer nur so gearbeitet werden, wie es die jeweilige Natur zuläßt. Deswegen ist sie erheblich von der naturräumlichen Beschaffenheit ihrer Böden geprägt. Je nach Landschaftstyp überwiegen auf der Geest, im Moor, an der Küste oder in den Bergen unterschiedliche Formen des Ackerbaus oder der Viehzucht. In den letzten Jahrzehnten hatten aber auch die technische Entwicklung, der Fortschritt und die ökonomischen Zwänge erheblichen Einfluss auf die Entwicklung der heimischen Landwirtschaft. Die Struktur der Betriebe hat sich rasant verändert.

In Nordwestdeutschland ist die Landwirtschaft von einer intensiven Veredelungswirtschaft geprägt. Schweineproduktion, Legehennenhaltung und Geflügelmast sind überdurchschnittlich vertreten. Mit etwa 13 Prozent der Arbeitskräfte, die vor allem auch in den der Landwirtschaft vor- und nachgelagerten Bereichen arbeiten, ist dieser Erwerbszweig zwar der größte in Weser-Ems, aber früher lebten noch viel mehr Menschen von und mit der Landwirtschaft. Längst hat das Höfesterben um sich gegriffen; der Strukturwandel macht gerade auch vor der Landwirtschaft nicht Halt.

Im Jahr 2000 gab es noch etwa 29.000 landwirtschaftliche Betriebe mit mehr als einem Hektar Nutzfläche in Weser-Ems – das sind nur noch zwei Drittel der etwa 42.000 erfassten Betriebe von 1990. Besonders bei den kleinen Betrieben ist die Zahl erheblich zurückgegangen. Mehr als die Hälfte der Landwirte in Weser-Ems bewirtschaften weniger als 30 Hektar Fläche, aber etwa 3 Prozent bewirtschaften schon Betriebe mit mehr als 100 Hektar Fläche. Auch die Anzahl der Tiere steht für eine Intensivierung der Landwirtschaft: Seit 1950 hat sich die Zahl der Schweine auf knapp 5 Millionen vervierfacht, jedes fünfte Schwein in Deutschland kommt aus Nordwestdeutschland. Elf Millionen Legehennen produzieren mehr als drei Milliarden Eier im Jahr – das ist ein Anteil von etwa 40 Prozent der bundesdeutschen Eierproduktion. In der Mastflügelhaltung hält Weser-Ems sogar einen Anteil von etwa 60 Prozent des früheren Bundesgebietes. Im Ackerbau werden heute auf der Geest meist Getreide, Mais und Kartoffeln angebaut.

Trotz des Strukturwandels blieb im Nordwesten das traditionelle Bild einer bäuerlichen Kulturlandschaft erhalten. Viele Flächen werden noch immer kleinteilig bestellt. Und noch immer existieren neben den Großbetrieben zahlreiche kleine Höfe, auf denen oftmals nach traditionellen Methoden das Land bewirtschaftet wird.

Die Bauern auf der Geest führen heute moderne Wirtschaftsbetriebe, die ohne Maschinen und Technik nicht mehr auskommen.

Küche von März bis Juni

Spargelsuppe mit Räucherlachs und Krabben

4 Personen
leicht

500 g Spargel
1 l Wasser
40 g Margarine
40 g Mehl
Salz, Pfeffer, Zucker, Zitronensaft
evtl. 1/4 Becher Sahne

Spargel schälen, in Stücke schneiden, zehn Minuten unter Zugabe von Salz, Zitronensaft und etwas Zucker in 1 l Wasser kochen.
Margarine zerlassen und das Mehl unter Rühren so lange in der Margarine erhitzen, bis es hellgelb ist. Anschließend das Spargelwasser und die Sahne dazugeben. Alles zum Kochen bringen. Mit Salz und Zitronensaft abschmecken; mit Räucherlachsstreifen und Krabben verfeinern.

Stangenspargel mit Knoblauchmayonaise

4 Personen
leicht

1 kg Stangenspargel

4 Eßl. Mayonnaise
1 Eigelb
2 Knoblauchzehen
1 Tl. Senf
Salz, Pfeffer

Spargel schälen und etwa 20 Minuten in Wasser kochen. Zutaten für die Soße vermengen und zum gekochten Spargel reichen.

Stangenspargel mit Käse-Schinken-Soße

4 Personen
leicht

1,5 kg Stangenspargel
200 g Lachsschinken
1 Bd. Dill oder Schnittlauch
2 Eigelb
200 g Frischkäse
50 g Butter
1/8 l süße Sahne oder Milch

Spargel schälen und etwa 20 Minuten in Wasser kochen.
Für die Soße den Lachsschinken fein würfeln, Kräuter klein schneiden, die Butter in der Pfanne bräunen, Eigelb mit etwas Milch glattrühren, alles unter den Frischkäse mengen, süße Sahne steif schlagen und unterheben. Zum Spargel servieren.

DER SPARGEL

Geschichte und Gegenwart der »beliebten Stange«

Jedes Jahr wird die Spargelsaison freudig begrüßt. Das »lange« Gemüse eröffnet die heimische Erntesaison und ist auf den Märkten nur während kurzer Zeit frisch erhältlich. Zwar kommen bereits Anfang März erste Stangen aus südeuropäischen Anbaugebieten, aber die heimische Spargelsaison beginnt erst etwa Mitte April und geht meist bis Mitte Juni, genauer bis zum 24. Juni, dem St.-Johannes-Tag. Die Freude auf die Spargelsaison ist berechtigt, denn die beliebte Stange hat einen guten Ruf: Sie ist gesund, arm an Kalorien, besitzt Ballaststoffe, Vitamine und Mineralstoffe – und sie schmeckt hervorragend. Das wussten auch schon die alten Römer, bei denen der Anbau und Verzehr von Grünspargel bereits in Schriften und aus bildlichen Darstellungen seit dem 2. Jh. v. Chr. nachweisbar ist. Später, in mittelalterlichen Klostergärten, bekam die Pflanze als »asparagus officinalis« auch heilende Wirkung zugesprochen, z. B. gegen Arthrose. Mit dem Vordringen des Spargelanbaus in den Norden wurde der Bleichspargel entdeckt: Unter Erdhaufen musste der Pflanzenwuchs vor den kälteren Temperaturen geschützt und die Stangen vor dem Austreten aus der Oberfläche geerntet werden. Dieser Spargel war, im Gegensatz zum überirdisch geernteten Grünspargel des Südens, weiß. Im 19. Jahrhundert nahmen der Anbau und der Verzehr des Spargels durch technischen und landwirtschaftlichen Fortschritt, insbesondere durch die neuen Konservierungsmethoden, erheblich zu. Ihren Höhepunkt in Menge und Anbaufläche erreichte die deutsche Spargelproduktion in den 1930er Jahren. Heute ist Deutschland nach Spanien Europas zweitgrößter Spargelproduzent mit etwa 48.000 Tonnen auf 12.000 Hektar. Besonders die Geest in der Region Weser-Ems ist eine »spargelreiche« Gegend. Auf rund 1.000 Hektar wird von etwa 120 Betrieben Spargel angebaut. Pro Hektar können etwa 5 Tonnen Spargel geerntet werden. Etwa 65 Prozent davon werden direkt ab Hof und auf den Wochenmärkten verkauft, 25 Prozent gehen an die Gastronomie, der Rest wird an den Großhandel geliefert.

Botanik und Ernährungsphysiologie des Spargels

Spargel wächst unterirdisch – und ist deswegen weiß. Erst wenn die Knospen an die Erdoberfläche oder über den Boden gelangen, bekommt die Pflanze durch das Licht den grünen Farbstoff, das Chlorophyll. So wird der Bleichspargel zum Grünspargel. In Deutschland wird der Spargel unter aufgeschütteten Dämmen überwiegend als Bleichspargel angebaut, während in südlicheren Ländern mehr Grünspargel verzehrt wird. Botanisch gesehen, gehört die Spargelpflanze zur Familie der Liliengewächse. Spargel besteht zu etwa 93 % aus Wasser und hat 7 % Trockensubstanzanteile, mehrheitlich Kohlenhydrate und Proteine. Weil der Brennwert von Spargel lediglich 15 kcal pro 100 g beträgt, ist er für Frühjahrskuren sehr beliebt. Auch sein Vitamingehalt ist hoch, besonders die Anteile von Vitamin C und Vitamin A. Das Asparagin im Spargel wirkt harntreibend.

Spargel praktisch: lagern, schälen, zubereiten

Frischen Spargel, direkt aus der Ernte, gibt es nur in der Saison – auch das macht das Gemüse beliebt und seinen Genuss zu etwas Besonderem. Dabei ist die Qualität wichtig: Frischen Spargel erkennt man an der glänzenden Schale, den festen Stangen und geschlossenen Köpfen sowie dem aromatisch frischen Geruch. Außerdem knistert Spargel, wenn man die Stangen aneinander reibt. Die Schnittstellen sollten nicht vertrocknet und angelaufen sein. Frisch halten kann man Spargel in einem feuchten Tuch und einer Plastiktüte bei niedrigen Temperaturen. Mühseliger ist da schon das Spargelschälen – mit einem normalen Messer oder dem Spargelschälmesser: Unterhalb des Kopfes muss die Schale abgeschnitten werden, zuerst dünn und zum Stangenende hin etwas dicker. Holzige Stücke oder Enden werden ganz entfernt. Grünspargel muss in der Regel nicht geschält werden.

Kartoffel-Spargel-Platte mit Ei

4 Personen
leicht

1,5 kg Pellkartoffeln
ca 1/4 l heiße Brühe,
Senf, Zucker, Salz, Pfeffer, Paprika
1 Glas (ca. 250 g) Mayonnaise
gehackte Kräuter
1 kg Spinat
Salz, Zucker
4 - 8 Eier
Milch (pro Ei 2 Eßl.)
Salz, Pfeffer
Butter oder Margarine
400 g roher Schinken in Würfeln

Abgepellte Kartoffeln in Scheiben schneiden, mit der Marinade aus Brühe und Gewürzen übergießen, abkühlen lassen, mit Mayonnaise und Kräutern vermengen, gut durchziehen lassen, breit auf einer großen Platte verteilen.
Spargel schälen, in Stücke schneiden und 10 Minuten kochen. Eier mit Milch und Gewürzen verrühren, Fett erhitzen und Rührei braten. Rührei in die Mitte auf den Kartoffelsalat geben, mit Schinkenwürfeln bestreuen, heißen Spargel ringsherum anrichten, mit gehackten Kräutern abrunden.

Spargelsalat mit Ananas

4 Personen
leicht

500 g Spargel
3 Scheiben Ananas
200 g geräucherte Putenbrust

Salatsoße
100 g Creme fraiche
2 Tl. Zitronensaft
1 Tl. Puderzucker
1/2 Tl. Salz
1 Eßl. Weißwein
etwas Zucker
1 Eßl. Parmesankäse
1 Eßl. Kresse

Spargel schälen, in Stücke schneiden und kochen. Ananas in kleine Stücke, Putenbrust in Streifen schneiden. Die Salatsoße anrühren und darüber geben.

Forelle, Salat und Kohlrabi

Forelle mit Salat

4 Personen
leicht

4 Forellen, ausgenommen
4 Stücke Kräuterbutter (je ca. 20 g)
1/2 Zitrone
Salz, Pfeffer
Bratschlauch

Salat (Eisbergsalat oder Kopfsalat)
150 g Vollmilchjoghurt
Saft von einer halben Zitrone
Zucker

Backofen auf 200 °C vorheizen. Forelle waschen, mit Zitronensaft beträufeln, salzen und pfeffern. In jede Forelle ein Stück Kräuterbutter geben und anschließend in den Bratschlauch legen.
Ca. 30 Minuten bei 200 °C garen.

Vollmilchjoghurt und Zitronensaft in einer Schüssel verrühren, mit Zucker abschmecken und unter die gesäuberten Salatblätter heben.

Obstsalat (klassisch)

4 Personen
leicht

2 Kiwis
3 Orangen
2 Bananen
250 g Erdbeeren (oder kernlose Weintrauben)
1 cl Cointreaux
Zucker

Kiwis, Bananen und Erdbeeren kleinschneiden, 2 Orangen filitieren. Den Saft der Orangen auffangen.
Alle Zutaten in einer Schüssel vermengen, den aufgefangenen Saft sowie den Saft einer dritten Orange hinzufügen und mit einem Zentiliter Cointreaux abschmecken. Nach Bedarf zuckern.

Kohlrabi und Rindfleisch

4 Personen
leicht

500 g Rindfleisch
Salz
1 kg Kohlrabi
40 g Butter
40 g Mehl
Muskat

Das vorbereitete Fleisch wird mit Salzwasser aufgesetzt. Nachdem es 1/2 Std. gekocht hat, gibt man den geschälten, in Scheiben geschnittenen Kohlrabi hinzu und kocht alles zusammen gar. Man bindet das Gericht mit einer Mehlschwitze und schmeckt mit Salz und Muskat ab.

Küche von Juli bis Oktober

Kartoffelgerichte

Kartoffelsuppe

4 Personen
leicht

50 g Fett zum Andünsten
700 g mehlige Kartoffeln
3 Möhren
2 Stangen Porree
1 l -1,5 l Fleischbrühe
1/8 l Creme fraîche
200 g ausgebratene Schinkenwürfel
Salz, Pfeffer
Schnittlauch

Kartoffeln schälen und würfeln, Gemüse putzen und kleinschneiden. Kartoffeln und Gemüse in Fett andünsten, mit Brühe auffüllen, 20 Minuten kochen lassen. Suppe pürieren, Creme fraîche und die Schinkenwürfel unterrühren. Mit Salz und Pfeffer abschmecken, mit Schnittlauch verfeinern.

Bockwurst oder Kochwurst können dazu gereicht werden.

Kartoffelgratin mit Brokkoli

4 Personen
leicht

1 kg Kartoffeln
500 g Brokkoli
1 Knoblauchzehe
Salz, Pfeffer
ger. Muskat
1 Becher Sahne
1/2 Becher Creme fraîche
200 g geriebener Käse

Kartoffeln schälen, kochen und in Scheiben schneiden. Brokkoli kurz aufkochen. Auflaufform einfetten, mit der Knoblauchzehe einreiben, Kartoffeln und Brokkoli schichtweise in die Form geben, mit Salz, Pfeffer und etwas Muskat würzen. Sahne und Creme fraîche verrühren und darüber geben. Den Abschluss bildet eine dicke Käseschicht. Bei 170 °C etwa 45 Minuten garen. Dieses Rezept kann auch mit Porree zubereitet werden.

Kasseler Kartoffel-Auflauf

8 Personen
leicht, gut vorzubereiten

1 kg ausgelöstes Kasseler
1,5 kg Kartoffeln
1 Becher Sahne
1 Becher Schmand
1 Becher Creme fraîche
Salz, Pfeffer, ger. Muskat
100 g feingeriebener Gouda

Kartoffeln als Pellkartoffeln 15 Minuten halb gar kochen, pellen und abkühlen lassen. Kassler in ca. 1 cm dicke Scheiben schneiden, auf ein gefettetes Blech legen. Kartoffeln mit der Küchenmaschine grob raspeln. Sahne, Schmand und Creme fraîche hinzufügen und mit Salz, Pfeffer und Muskat würzen. Die Kartoffelmasse über das Fleisch geben und glatt streichen. Bei 200 C etwa eine Stunde überbacken. Kurz vor Ende der Garzeit den Käse darüber streuen.

Kartoffelbauer auf der Delmenhorster Geest

Die Kartoffel
Aufstieg und Geschichte der »Knolle«

Die Kartoffel scheint uns heute in der heimischen Küche das Normalste der Welt. Viele Gerichte setzen auf die »Knolle« – als Beilage wie als festen Bestandteil der Mahlzeit. Und es gibt sie in unterschiedlichen Variationen: gekocht, gepellt, gebacken, gebraten, frittiert, ganz oder geschnitten, zu Fleisch, zu Fisch und im Salat gleichermaßen. Kurz: die Kartoffel gehört zur heimischen Küche einfach dazu! Ihr Weg dahin war allerdings ein langer – und ein »innovativer«, wie der Volkskundler Günter Wiegelmann festhielt: Mit ihrer Geschichte von der Zierpflanze zum ertragreichen Gemüse bezeichnet er die Kartoffel als »aufsteigendes Kulturgut«, das seinen gesellschaftlichen Weg stetig nahm. Die Heimat der Kartoffel sind die südamerikanischen Anden. Bereits seit etwa 8.000 v. Chr. wurden Knollengewächse dort als Nahrungsmittel genutzt. Ab etwa 900 v. Chr. wurden sie richtig kultiviert. Spanische Eroberer entdeckten die Kartoffel um 1555 in der »Neuen Welt«. Sie brachten die Kenntnisse von ihrem Anbau nach Europa. Erste Anpflanzungen, zunächst als exotische Rarität und Zierpflanze, erfolgten Ende des 16. Jahrhunderts in Sevilla, in Irland und in den kaiserlichen Gärten zu Wien. Sehr viel später entdeckten die Bauern ihre Bedeutung auch als Nahrungsmittel: Sie begannen den Kartoffelanbau in ihren Gärten und auf Feldern. Dabei geschah die Eingliederung der Kartoffel – trotz der staatlichen Förderung bereits im 18. Jahrhundert durch Friedrich II. – von unten nach oben: Weil die Knolle lange Zeit als Armenkost und Viehfutter galt, fand sie bei höheren sozialen Schichten wenig Anklang. Auch ihre regionale Verbreitung hatte immer etwas mit der Bodenqualität und dem Mechanisierungsgrad der Landwirtschaft zu tun: Um einer möglichen Not ausgelöst durch Mißernten zu entgehen, wurden Kartoffeln auf schlechteren Böden, in Mittelgebirgen und der sandigeren Geest eher angebaut als Getreide. Überhaupt war das Knollengewächs wegen des höheren Arbeitsbedarfs im Anbau ideal für große Familien mit jungem Durchschnittsalter und kleinem Landbesitz. Ihren Durchbruch als Massennahrungsmittel vollzog die Kartoffel erst, als die Arbeitskräfte mit der zunehmenden Bevölkerungsentwicklung im 19. Jahrhundert billiger wurden – und als die industrielle Entwicklung von Anbau und Vermarktung sie noch billiger machten. Somit begann die »Erfolgsgeschichte« der Kartoffel auf dem alltäglichen Speiseplan relativ spät.

Alte Küche – Kartoffelspeisen im 19. Jahrhundert

Die Eingliederung der Kartoffel geschah am unteren Rand der sozialen Skala: Vor ihrem Einzug in weite Teile der Küche war sie ausschließlich Armenkost und Viehfutter. Erst im Laufe des 19. Jahrhunderts verblasste ihr negatives Bild, so dass sie immer häufiger auch in Alltagsspeisen von höheren sozialen Schichten anzutreffen war. In Gemüseeintöpfen, als Mehlpfannkuchen, als Reibekuchen oder als Bratkartoffel setzte sich die Knolle auf den Speiseplänen Nordwestdeutschlands durch. Mit dem Aufkommen auch feinerer Zubereitungen lässt sie sich Mitte des 19. Jahrhunderts für Sonntags- und Festmahlzeiten in bürgerlichen Kochbüchern nachweisen. Überhaupt stieg die Anzahl der Kartoffelgerichte ab etwa 1850 stetig: Den vielen Gemüserezepten in verschiedenen Kochbüchern standen bald auch zahlreiche Kartoffelgerichte gegenüber: Beliebte Speisen im Nordwesten waren die Kartoffelgrütze mit Buttermilch, Kartoffelpudding, Frikadellen von Kartoffeln, Kartoffelbrei, gekochte Kartoffeln und verschiedene Verwendungen auch mit anderen Gemüsen. Häufig wurde die Kartoffel auch als Zutat für andere Gerichte verwendet. Von 1850 bis 1900 stieg der Kartoffelverzehr pro Kopf in Deutschland um das Dreifache.

»Haidhäuser« Kartoffelcremesuppe

4 Personen
leicht

1 Zwiebel
250 g Lauch (weiße Teile)
25 g Butter
1/2 Liter Rinderbrühe (kräftig)
250 g Kartoffeln
Salz, weißer Pfeffer
etwas flüssige Sahne
Weinbrand und Tabasco
geröstetete Semmelwürfel
1 Bd. Schnittlauch

Kleingeschnittene Zwiebel und Lauch in der geschmolzenen Butter leicht anschwitzen lassen und mit der Rinderbrühe ablöschen. Die geschälten Kartoffeln in Würfel schneiden und zusammen mit dem Gemüse im geschlossenen Topf sehr weich kochen. Mit dem Mixer pürieren und mit Salz, Pfeffer, Sahne und Weinbrand abschmecken. Die pikante Note wird durch das Hinzugeben einiger Spritzer Tabasco erreicht. Kleine geröstete Semmelwürfel und Schnittlauchröllchen zum Servieren über die Suppe streuen.

Geschichtete »Kartoffeltorte«

4 - 6 Personen
mittel

1 kg gekochte Kartoffeln
Salz

50 g geräucherter Bauchspeck
100 g Zwiebeln
Salz
1–2 Eßl. Öl
Pfeffer
375 g gemischtes Hackfleisch
1 Tl. edelsüßes Paprika
Muskat
1 Dose Tomaten

etwas Butter zum Einfetten
1 Becher Joghurt
0,2 l Sahne
2 Eier
2 Eßl. Mehl
1 Messerspitze Backin

Die in Scheiben geschnittenen Kartoffeln kurz anbraten, salzen und dann beiseite stellen.
Den gewürfelten Speck und die geschnittenen Zwiebeln in Öl anschwitzen, Hackfleisch hinzugeben und ebenfalls dünsten. Mit Paprika, Salz, Muskat und Pfeffer würzen, die Tomaten dazugeben und alles unter ständigem Rühren 5 Minuten durchkochen. Eine feuerfeste Form ausbuttern, den Boden mit Kartoffeln bedecken, dann mit einer Lage Hackfleisch, wieder Kartoffeln usw.
Dieses bei 180 °C etwa 30 Minuten backen.

Die Zutaten für den Guß verrühren und über die Torte geben. Nochmals 10 Minuten backen, so daß eine schöne Kruste entsteht.

Dazu frischen grünen Salat reichen.

Kartoffelgerichte

Himmel und Erde (Äpfel und Kartoffeln)

4 Personen
leicht

1,5 kg mehlig kochende Kartoffeln
500 g Äpfel
3/8 l Wasser
Salz, Zucker
Essig
200 g Schinkenspeck
2 Zwiebeln

Die geschälten, in Würfel geschnittenen Kartoffeln und die geschälten, in Viertel geschnittenen, vom Kerngehäuse befreiten Äpfel mit Salz und etwas Zucker weich kochen, evtl. pürieren. Mit Salz, Zucker und evt. etwas Essig abschmecken.

Den Schinkenspeck ausbraten, die gewürfelten Zwiebeln darin bräunen und über das fertige Gericht geben.

Man kann auch gebratene Beutelwurstscheiben oder Bratwurst dazu reichen.

Kartoffeln mit Buttermilch

4 Personen
leicht

1 kg Kartoffeln
Salz
Buttermilch

1 kg Kartoffeln mit etwas Salz gar kochen, stampfen, etwas abkühlen lassen. Nun die Buttermilch unterrühren.

Gefüllte Kartoffeln

4 Personen
leicht

8 große Kartoffeln
4 Vollkornzwiebäcke
4 Tomaten
2 Zwiebeln
200 g Gouda-Käse
1 Ei
Salz, Pfeffer
gehackte Petersilie

Kartoffeln gründlich waschen und in Salzwasser gar kochen. Zwiebäcke zerbröseln, Tomaten in kochendes Wasser legen, abschrecken und enthäuten, Kerne entfernen und das Fruchtfleisch würfeln. Zwiebeln fein schneiden und den Käse würfeln. Das Ei verquirlen und mit den übrigen Zutaten vermischen. Die gar gekochten Kartoffeln abgießen, etwas abkühlen lassen, jeweils einen Deckel abschneiden und die Kartoffeln aushöhlen.
Das Kartoffelinnere zerdrücken und unter die Füllung mischen. Die Kartoffeln damit füllen und auf ein gefettetes Backblech setzen. Das Blech in den Ofen schieben, bei Ober-/Unterhitze mit 200 °C vorheizen (mit Heißluft bei 180 °C) und noch etwa 20 Minuten ziehen lassen.

Teufelskartoffeln

5 - 6 Personen
mittel

1 kg Kartoffeln
100 g geräuchertes Bauchfleisch
1 Zwiebel
5 Eier
2 Schinkenwürstchen
200 g saure Sahne
1/8 l Milch
Pfeffer, Salz
Semmelbrösel
Butter

Die Kartoffeln mit Schale kochen, abziehen und in Scheiben schneiden. Geräuchertes Bauchfleisch würfeln und leicht ausbraten. Die Zwiebeln fein würfeln, zum Fleisch geben und glasig dünsten. Die Eier hart kochen. Die Schinkenwürstchen würfeln. Sahne, Milch, Salz und Pfeffer verquirlen. In eine gefettete Auflaufform schichtweise Kartoffelscheiben legen und leicht salzen. Einen Teil der Zwiebeln, des Bauchfleisches, der Schinkenwürstchen und schließlich der Eischeiben einschichten. Das ganze etwas salzen und pfeffern. Einen Teil der Sahne-Milch-Mischung darüber gießen und den Rest der Zutaten genauso weiterschichten. Zuletzt sollte eine Kartoffelschicht den Abschluß bilden, über den dann der Rest der Sahnesoße gegeben wird. Zum Schluss mit Semmelbröseln bestreuen und mit Butterflocken versehen. Etwa 30 Minuten bei 175 Grad im Backofen garen.

Bratkartoffeln mit Spiegelei

4 Personen
leicht

750 g fest oder vorwiegend fest kochende Kartoffeln
125 g durchwachsener Speck
2 Eßl. Öl
4 Zwiebeln
Salz, Pfeffer
1 Ei

Die Kartoffeln waschen, bürsten und mit der Schale kochen. Die Schale abziehen und die Kartoffeln in nicht zu dünne Scheiben schneiden. Den Speck würfeln und in einer geölten, vorerhitzten Pfanne ausbraten. Auf mittlere Hitze zurückschalten, die Kartoffelscheiben hineingeben und bräunen. Die in Ringe geschnittenen Zwiebeln zum Schluß noch einmal kurz mitbraten. Abschließend alles nach Belieben mit Salz und Pfeffer würzen. Ein Spiegelei in der Pfanne braten und dazu reichen.

Kartoffel und Apfelgerichte

Geest Pickert

4 Personen
mittel

40 g Hefe
1/4 l Milch
Zucker
500 g Kartoffeln
500 g Mehl
500 g Margarine
5 Eier
1 Tl. Salz
Rosinen

Die Hefe lässt man mit etwas von dem 1/4 Liter der angewärmten Milch und etwas Zucker vorgehen. Die rohen und geschälten Kartoffeln reiben und über einem Sieb abtropfen lassen. Die Kartoffelflüssigkeit abgießen und das durchgefallene, am Boden gesammelte Kartoffelmehl wieder zu den geriebenen Kartoffeln dazugeben. Alles in eine große Schüssel geben und mit den restlichen Zutaten zu einem Teig verrühren. Der Teig muss cremig sein. Dann eine Stunde an einem warmen Ort gehen lassen, danach noch einmal kurz durchrühren und etwa 2 cm dick in eine Pfanne mit heißem Fett geben. Dann langsam braten lassen; wenn die untere Seite gebräunt ist, wird der Pickert gewendet und die andere Seite langsam gebräunt. Am besten geht das mit zwei Pfannen.
Man ißt dazu Butter, Rübenkraut, Pflaumenmus oder Leberwurst. Dazu wird Kaffee gereicht.

Filet-Apfeltopf

4 Personen
leicht

800 g -1 kg Schweinefilet
1 Eßl. Butterschmalz
Salz, Pfeffer, Steakgewürz
4 - 5 große Äpfel
400 g Sahne
2 Eßl. Tomatenketchup
4 Tl. Curry
200 g geriebener Käse

Fleisch in dünne Scheiben schneiden, Fett in der Pfanne erhitzen und die Fleischscheiben portionsweise kräftig anbraten und mit Salz, Pfeffer und Steakgewürz würzen.
Äpfel schälen und mit einem runden Kernausstecher das Kerngehäuse entfernen. Die Äpfel in Scheiben schneiden, so daß Apfelringe entstehen.
Eine feuerfeste Form einfetten. Zunächst eine Lage Apfelringe hineingeben, darüber Fleisch, dann wieder Apfelringe und so weiter. Die obere Schicht sollte aus Apfelringen bestehen.
Sahne, Tomatenketchup und Curry verrühren, über den Auflauf gießen, Käse darüber streuen. Im Backofen bei 200 °C etwa 30 - 35 Minuten backen.

Direktvermarktung: Äpfel im September (linke Seite) und Kürbisse im Oktober.

Riesenbeere Kürbis

Der Kürbis, dessen Früchte bis zu 100 kg, manchmal sogar über 300 kg schwer werden können, gehört zu den ältesten Kulturpflanzen der Welt. Schon die amerikanischen Ureinwohner haben ihn vor 6.000 Jahren neben Mais und Bohnen gekannt. Columbus brachte ihn im 16. Jahrhundert nach Europa.

Heute unterscheidet man den Gartenkürbis vom Riesenkürbis. Beim Gartenkürbis ist der Stil eckig, beim Riesenkürbis rund. Daneben kommen im Herbst auch die bunten Zierkürbisse in den Handel, die jedoch meist nicht für den Verzehr geeignet sind.

Am besten gedeihen Kürbisse auf einem Komposthaufen. Allerdings vertragen sie keine Staunässe und benötigen viel Sonne.

Auf der Geest wird der Kürbis immer häufiger angebaut, da die Nachfrage kontinuierlich steigt.

Kürbisgerichte und Pfannkuchen

Kürbissuppe

4 Personen
leicht

20 g Butter oder Margarine
180 g Schinkenspeck in Würfeln
2 Zwiebeln
800 g Kürbisfleisch
Curry
1/2 l Brühe
Salz, Pfeffer
125 g Creme fraîche
100 ml Orangensaft

Schinkenwürfel anbraten, Zwiebeln in Würfel schneiden, in Fett glasig dünsten, den in Würfel geschnittenen Kürbis mit andünsten.
Brühe und Curry hinzufügen und etwa 15 Minuten garen lassen.
Die Suppe pürieren und mit Salz, Pfeffer, Orangensaft und Creme fraîche abschmecken.

Kürbis

(eingekocht im Glas)
leicht

2 kg Kürbisfleisch in Würfel geschnitten
Essig

1 kg Zucker
1/2 l Wasser
Ingwer und Zimt
Saft von 1 Apfelsine
Saft von 1/2 Zitrone

Kürbis mit einfachem Essig übergießen und ca. 10 Stunden stehen lassen. Gut abtropfen lassen, in Gläser füllen. Die anderen Zutaten aufkochen, über den Kürbis gießen und 20 Minuten einkochen.

Buchweizen Pfannkuchen

4 Personen
leicht

250 g Buchweizenmehl
1/4 l kalter Kaffee
1/8 l Wasser oder Milch
2 Eier
1 Tl. Salz
100 g Bauchspeck
Schweineschmalz

Buchweizenmehl, Kaffee, Milch oder Wasser, Eier und Salz in eine Schüssel geben und zu einem glatten Teig rühren, der mindestens vier Stunden quellen muß. Der Speck wird in dünne Scheiben geschnitten und mit Schmalz in der Pfanne ausgebraten. Darauf gibt man eine Kelle Teig und backt den Pfannkuchen auf beiden Seiten braun an.
Der Pfannkuchen wird auf einem vorgewärmten Teller mit Pumpernickel und Rübenkraut oder mit Apfelmus und Preiselbeeren serviert.

Updrögt Bohnen

4 Personen
mittel

500 g Bohnen
500 g durchwachsener Speck
500 g Kartoffeln
4 Pinkelwürstchen
Salz
Pfeffer

Die Bohnen werden nach der Ernte auf einen Faden gezogen und in der Küche oder auf dem Dachboden getrocknet. So erhalten sie den typischen Geschmack.
Am Tag vorher die Bohnen in reichlich Wasser einweichen, danach in Stücke schneiden und in frischem Wasser etwa 30 Minuten kochen. Das Wasser wechseln, den Speck zugeben und etwa 1 bis 1,5 Stunden mit etwas Salz köcheln lassen. Kartoffeln und Würste dazugeben, gar kochen lassen, mit Pfeffer und Salz abschmecken und durchstampfen.

Bohnentopf

4 Personen
leicht

700 g Kartoffeln
1 Glas grüne Bohnen oder 500 g frische Bohnen
150 g geräucherter Schinken oder Kochwurst
4 Eier
1/4 l Milch
Salz, Pfeffer, Bohnenkraut, Zitronensaft
40 g geriebenen Käse und Butterflöckchen

Die Kartoffeln kochen. Die Bohnen, das Fleisch und die Kartoffeln klein schneiden und in eine Auflaufform schichten. Die restlichen Zutaten (Eier, Milch, Salz, Pfeffer, Bohnenkraut, Zitronensaft) auf den Auflauf geben und bei 200 °C etwa 30 bis 35 Minuten backen.
Zum Schluß 40 g geriebenen Käse und Butterflöckchen auf den Auflauf geben und noch etwas mitbacken lassen.

Schnippelbohnen

4 Personen
leicht

500 g Hackfleisch, gemischt
1 Zwiebel
2 Knoblauchzehen
3 Möhren
1 Glas Schnippelbohnen (1 l)
Salz, Pfeffer
1 gehäufter Tl. Ketchup
süße Sahne

Das Hackfleisch leicht anbraten, Zwiebeln, Knoblauch und in Scheiben geschnittene Möhren dazugeben und noch etwas schmoren lassen. Gewürze nach Geschmack beifügen. Die Schnippelbohnen mit Wasser hinzugeben und 10 - 15 Minuten leicht köcheln. Mit Ketchup und Sahne abschmecken.
Dazu Salzkartoffeln oder Kartoffelbrei reichen.

Bohnen

Große Bohnen mit Buttermilch

1 kg große Bohnen
Salz
1 l Buttermilch

Mit etwas Salz die Bohnen gar kochen, leicht abkühlen lassen und mit Buttermilch servieren.

Bohnensalat

6 Personen
leicht

750 g grüne Bohnen

Marinade
4 Eßlöffel Öl
Essig n. Geschmack
Wasser
Zucker
1 gehackte Zwiebel
Pfeffer, Salz
grüne Petersilie

Die Bohnen werden abgezogen, gebrochen, gewaschen und in Salzwasser gekocht. Aus den übrigen Zutaten stellt man eine Marinade her. Diese gießt man über die abgetropften Bohnen.

Die Bohne

Rund und lang, sortenreich und vielfältig

Bohnen zählen zu den wichtigsten pflanzlichen Eiweißlieferanten. Sie enthalten viele Kohlenhydrate, Mineralstoffe und Vitamine. Für einige Völker der Erde sind sie das Grundnahrungsmittel. In Deutschland werden über 100 verschiedene Bohnensorten beschrieben, die in Form, Farbe und Geschmack sehr unterschiedlich sein können. Beheimatet ist die Hülse in den tropischen und subtropischen Wäldern Mittel- und Südamerikas. Wie die Kartoffel auch, kamen die Bohne sowie Kenntnisse ihres Anbaus mit den spanischen Eroberern aus der »Neuen Welt« nach Europa. Das hiesige Klima vertragen die Bohnen besonders gut: Zu den Hauptanbaugebieten zählen daher heute Europa und Ostasien. Frische Bohnen sind immer fest; die Hülsen müssen beim Umbiegen durchbrechen und eine saftige Bruchstelle aufweisen. Weil sie schnell welken, sollten sie gleich verarbeitet werden. An heißen Sommertagen sind frisch geerntete Bohnen nur wenige Stunden haltbar, auch im Kühlschrank nur zwei Tage. Wegen ihres Phasingehaltes werden Bohnen vor dem Verzehr immer gegart. Der Bohneneintopf, aber auch andere Gerichte wie Schnippelbohnen zählen zu den klassischen Rezepten auf der Geest.

Birnen Duftkuchen

4 Personen
schwer

1 Würfel Hefe
1 Tl. Zucker
1/4 l lauwarme Milch
500 g Weizenmehl

800 g gestreiften Speck
1 kg Birnen

evtl. Zucker oder Sirup

Hefeteig zubereiten. Gestreiften Speck halbgar kochen, die geschälten, in Viertel geschnittenen und vom Kerngehäuse befreiten Birnen dazu geben, zum Kochen bringen. Den gut aufgegangenen Hefeteig auf die Birnenmasse geben, das Ganze 1 Stunde kochen lassen. Die Flüssigkeit etwas andicken und evtl. mit Zucker oder Sirup abschmecken.

Fliederbeersuppe

4 Personen
leicht

1 l Fliederbeersaft
1/2 l Wasser
2 dicke Äpfel
1 Handvoll Rosinen
125 g Zucker
1/2 l Milch
Grieß
1 - 2 Eier
Zimt und/oder Rum

Fliederbeersaft, Wasser, kleingeschnittene Äpfel, Rosinen und Zucker in einem Topf aufkochen.
In einem zweiten Topf den Grieß in die gezuckerte Milch einrühren und kochen bis die Masse sämig ist. Die Eier mit einem Schneebesen einmixen und den Gries abkühlen lassen.
Nun löffelchenweise kleine Grießbällchen in den köchelnden Fliederbeersaft geben und durchkochen lassen. Nach Belieben mit Zimt und/oder Rum abschmekken.

Herbstfrüchte Salat

4 Personen
leicht

2 Äpfel
1 Birne
Zitronensaft
125 g blaue Weintrauben
200 g Pflaumen
50 g Walnußkerne
1-2 Eßl. Zucker

Äpfel und Birnen in Würfel oder Scheiben schneiden, mit Zitronensaft beträufeln, Weintrauben halbieren und entkernen, Pflaumen halbieren, entsteinen, Zucker und gehackte Walnusskerne überstreuen, alles vermischen.

Buntes Huhn, Pilzsuppe, Käsesalat

Buntes Huhn

4 Personen
leicht

250 g weiße Bohnen
250 g Speck
1 Knolle Sellerie
250 g Möhren
250 g Kartoffeln
4 - 5 Äpfel
Zucker, Essig
Salz, Pfeffer
gehackte Petersilie

Man weicht die Bohnen am Tage vorher ein und setzt sie mit dem Einweichwasser und dem Speck auf. Wenn sie 1 Stunde gekocht haben, gibt man die in Würfel geschnittenen Möhren und den Sellerie hinzu. Eine halbe Stunde später die Kartoffeln und Äpfel. Wenn alles gar ist, schmeckt man mit Salz, Pfeffer, Zucker und Essig ab. Zum Schluß wird gehackte Petersilie darüber gestreut.

Geröstete Pilz-Grießsuppe

4 Personen
leicht

35 g Fett
250 g Pilze (Champignons)
1 kleine Zwiebel
40 g Grieß
1 l Brühe
Salz
Fondor
3 Eßl. Sahne

Fett schmelzen, Zwiebel und Pilze andünsten. Den Grieß anschwitzen und langsam ausrühren.
Alles ca. 30 Minuten in der Brühe kochen lassen und mit Salz und Fondor abschmecken. Zum Schluss die Milch dazugeben.

Käsesalat mit Früchten

4 Personen
leicht

2 Bananen
2 Eßl. Zitronensaft
300 g Käse (Benjamin Gouda)
je 100 g blaue und grüne Weintrauben
1 Dose Mandarinen
1 kl. Dose Ananas

Für die Marinade
5 Eßl. Schlagsahne
200 g Frischkäse
2 Eßl. Mayonnaise
4 Eßl. Ananassaft
Salz, Pfeffer
Zucker

Bananen in Scheiben schneiden und mit Zitronensaft beträufeln. Den Käse in Würfel schneiden, Weintrauben halbieren und entkernen, Mandarinen und Ananas abtropfen lassen. Aus den angegeben Zutaten eine Marinade bereiten, zu den Früchten und dem Käse geben, vorsichtig untermengen.

Stachelbeerkompott

4 Personen
leicht

500 g Stachelbeeren
Wasser
125 g Zucker
1 Stange Kanehl (Zimt)
10 g Speisestärke (Maizena)

Die Stachelbeeren werden geputzt und gewaschen. Wasser, Zucker und Kanehl kocht man auf, gibt die Stachelbeeren hinein und kocht sie gar. Dann bindet man die Flüssigkeit mit etwas Maizena, läßt alles noch einmal durchkochen und stellt das Kompott kalt.

Fliederbeer-Likör

leicht

2 kg entstielte Fliederbeeren
800 g bis 1 kg Zucker
1 Vanillestange ausschaben
1 Zitrone in Scheiben
1 Flasche Rum (54%)

Die Fliederbeeren 1/2 Std. in 2 l Wasser kochen und durchsieben, dann den Saft von den Fliederbeeren noch einmal ca. 1 Stunde mit den übrigen Zutaten kochen lassen, 1 Flasche Rum (54%) dazu geben, in Flaschen abfüllen.

Kirschsahnelikör

leicht

1/4 l Klarer
1/4 l Sahne
150 g Kirschjoghurt
1/2 l Kirschsaft
125 g Zucker
2 Pckg. Vanillinzucker
evtl. 2 Gläschen Rum

Alle Zutaten miteinander verrühren und gekühlt servieren.

Küche von November bis März

Wildschwein und Hase

Wildschweinbraten

6 - 8 Personen
schwer

2 kg Wildschweinfleisch

Für die Beize
1/2 l Buttermilch
1/2 l Rotwein
6 Wacholderbeeren
3 Lorbeerblätter
2 Zwiebeln

Salz, Pfeffer
Thymian
Zerstossene Wacholderbeeren
60 g Bratfett
150 g fetter Speck in Scheiben
300 ml Beize
300 ml Rotwein
Mehl zum Andicken
300 g saure Sahne
2 Eßl. Tomatenmark
Paprika, Weinbrand
1 Dose Ananasscheiben
250 g Backpflaumen
150 ml Rotwein

Aus den angegebenen Zutaten eine Beize bereiten, das Fleisch hineinlegen und 3 - 4 Tage ziehen lassen. Zwischendurch mehrmals wenden.
Fleisch trocken tupfen, mit Salz, Pfeffer, Thymian und zerstoßenen Wacholderbeeren einreiben. Fett auf den Boden der Fettpfanne geben, Fleisch darauf legen und mit Speckscheiben abdecken. Beize und Rotwein dazugießen, bei 225 °C 110 - 120 Minuten garen (ohne Hitze noch etwa 15 Minuten ruhen lassen). Bratenfond sieben und in einen Kochtopf geben, erhitzen, mit Mehl einbinden und mit Sahne und Gewürzzutaten pikant abschmecken. Ananasscheiben abtropfen lassen und in zerlassener Butter andünsten, Backpflaumen mit etwas Rotwein kurz aufkochen.
Fleisch in Scheiben schneiden, mit Ananasscheiben und Backpflaumen auf einer Platte anrichten. Soße getrennt dazu reichen.

Hasenrücken mit pikanter Soße

4 Personen
mittel

1 Hasenrücken ca. 750 g
Salz, Pfeffer, Muskat
80 g Speck (in Scheiben)
Brühe oder Wasser
Mehl
3 Eßl. Johannisbeergelee
1 Tl. Meerettich
5 Eßl. Rotwein

Den Hasenrücken würzen, mit Speckscheiben belegen. Mit Wasser oder Brühe im geschlossenen Bräter bei 225 - 250 °C ca. 40 - 50 Minuten im Backofen braten (anschließend noch 10 Minuten ziehen lassen). Das Fleisch herausnehmen und warm stellen, Bratenfond mit Flüssigkeit auf die gewünschte Soßenmenge auffüllen und mit angerührtem Mehl binden. Gelee und Meerrettich unterrühren, mit Gewürzen und Rotwein abschmecken. Fleisch vom Knochen lösen, in dicke Scheiben schneiden und in der ursprünglichen Form auf dem Knochen anrichten.

Schweinezucht auf der Wildeshauser Geest.

Grünkohl

(mit Kasseler, gestreiftem Speck und Pinkel)
4 Personen
leicht

750 g Kasseler und gestreifter Speck
1 kg vorbereiteter Grünkohl
2 Zwiebeln
ca. 100 g Hafergrütze
Salz, Pfeffer
4 Pinkel und Kochwürste

Fleisch vorgaren. In der gewonnenen Fleischbrühe den Grünkohl, die Zwiebeln in Würfeln und die Hafergrütze etwa 1 - 1,5 Stunden garen, mit Salz und Pfeffer abschmecken. Pinkel und Kochwurst extra garen.

Steckrübeneintopf

4 Personen
leicht

500 g Rindfleisch oder Kasseler Bauch
1 kg Steckrüben
2 Zwiebeln
750 g Kartoffeln
1/2 l Wasser oder Brühe
Salz, Pfeffer

Fleisch leicht anbraten und dann in der Brühe ca. 45 Minuten kochen. Die in Würfel geschnittenen Steckrüben, Zwiebeln und Kartoffeln dazugeben, weitere 20 Minuten kochen. Den Eintopf mit Salz und Pfeffer abschmecken, evtl. Mettenden dazu reichen.

Bunter Wintersalat

6 Personen
leicht

200 g Feldsalat
300 g Chicoree
2 mittelgroße Zwiebeln
200 g Zucchini
1 Apfel
1 Kiwi
200 g Maiskörner

Für die Salatsoße
4 Eßl. Frischkäse oder Mascarpone
2 - 3 Eßl. Zitronensaft
Salz, Pfeffer, Zucker
1 Eßl. Öl
3 Eßl. Schnittlauchröllchen

Feldsalat putzen, beim Chicoree den bitteren Strunk heraustrennen, fein schneiden, Zwiebeln und Zucchini in Scheiben schneiden, Äpfel und Kiwi schälen und würfeln.
Alle Zutaten für die Salatsoße verrühren, kurz vor dem Essen unter den Salat heben.

Räucherkammer – gefüllt mit heimischen Schinken. Bei einer Delmenhorster Fleischerei ist seit Ende der 1920er Jahre der Ofen in Betrieb.

Der Kohl von der griechischen Sage zum traditionellen Grünkohlessen

Grünkohl ist ein gesundes und genügsames Gemüse. In verschiedenen Sorten wächst er gerne auf den leichten und sandigen Böden der Geest. Früher gehörte Grünkohl in jeden Garten und war wegen seiner Anspruchslosigkeit und der späten Erntezeit als Wintergemüse beliebt. Nach dem ersten Frost, aber auch bis weit in den Winter und noch unter Schnee, kann Grünkohl frisch geerntet werden. Dabei bekommt ihm der Frost außerordentlich gut, denn er verliert dadurch seine Bitterstoffe und das Ungeziefer. Auch in der Antike war Kohl schon ein weit verbreitetes Mahl. Und in der griechischen und römischen Medizin wurde ihm eine heilende Wirkung zugesprochen. Der griechischen Sage nach ist Kohl aus den Tränen des Lykurgos gewachsen, als dieser von Dionysos geblendet wurde. Tatsächlich stammen die Kohlsorten, die wir heute kennen, jedoch vom wilden Meerkohl ab, der auch am nördlichen Atlantik wuchs. Vermutlich können daher zwei Kultivierungslinien unseres heutigen Kohlgemüses angenommen werden: Die Übernahme der Anbaukenntnisse aus den Mittelmeerregionen sowie die Nutzung bereits bekannter Pflanzen im Norden. Vor allem der Grünkohl wurde wegen seiner einfachen Anbaumöglichkeit im Norden geschätzt und in der nahrungsärmeren Winterzeit zu einem wichtigen Gemüse. Von den mittelalterlichen Tafeln war er jedenfalls nicht mehr wegzudenken. Mit seinem hohen Eiweißgehalt, den Karotinen und viel Vitamin C ist Grünkohl einfach gesund. Und im Gegensatz zu anderem Gemüse setzt das lange Köcheln die Vitamine im Grünkohl erst frei. Heute gibt es auf der Geest – im Oldenburgischen, im Ostfriesischen und im Bremischen – eine wahre Tradition der Grünkohlessen: Fast als »Nationalgericht« werden Kohl, Kartoffeln, Kochwurst, Pinkel und Kasseler in geselliger Runde in den Wintermonaten gerne und reichlich verzehrt.

Frisches Gemüse im Verkaufsraum eine Biohofes bei Syke.

Küche im ganzen Jahr

Würzige Schnitzelpfanne

4 Personen
leicht

4 Schweineschnitzel
2 Eßl. Speiseöl
Salz, Pfeffer
1 Eßl. Senf
1 Eßl. Tomatenmark
3 Zwiebeln
100 g Schinkenspeck
1 Glas Pusztasalat (190 g)
1 Glas Champignonscheiben (240 g)
1/4 l Schlagsahne

Schnitzel kalt abspülen, trocken tupfen, in Öl von beiden Seiten anbraten. Mit Salz und Pfeffer würzen, von beiden Seiten dünn mit Senf und Tomatenmark bestreichen und in eine gefettete, flache Auflaufform legen. Schinkenspeck in Streifen und Zwiebeln in Scheiben schneiden. Beide Zutaten in dem verbliebenen Fett andünsten und mit in die Auflaufform geben. Pusztasalat und Champignons in einem Sieb abtropfen lassen, mit der Sahne mischen und über die Schnitzel verteilen. In den Backofen stellen. Mit Ober / Unterhitze bei 180 °C, mit Heißluft bei 160 °C etwa 45 Minuten garen.

Schnitzelpfanne

6 Personen
leicht
(läßt sich gut vorbereiten)

400 g Zwiebeln
8 Schweineschnitzel
Salz
Pfeffer
1 Glas Zigeunersoße
2 Dosen geschnittene Champignons

2 Pckg. Rahmsoße
1 Pckg. Pfeffersoße
2 Becher Schmand
2 Becher Sahne
150 g Käse

Eine Auflaufform einfetten, dick mit Zwiebelscheiben belegen, die Schnitzel würzen, teilen und auf die Zwiebeln legen. Zigeunersoße und Pilze auf die Masse geben und bei 200 °C etwa 45 Minuten garen lassen. Nun Rahmsoße, Pfeffersoße, Schmand und Sahne verrühren, über die Schnitzel gießen und 40 Minuten weiterbacken. Kurz vor dem Ende der Garzeit Käsescheiben auf den Auflauf legen und zerlaufen lassen.

Rinderfilet im Kräutermantel

4 Personen
mittel

750 g Rinderfilet
Salz
gemahlener weißer Pfeffer
1 Zweig Thymian, Salbei, Petersilie, Rosmarin
100 g Semmelbrösel
2 Tl. mittelscharfer Senf
100 g Zwiebeln
20 g Butter
1 l braune Soße
100 g Sahne

Das Stück Rinderfilet entsehnen und in heißem Fett von allen Seiten anbraten. Danach mit Salz und Pfeffer würzen. Die Kräuter fein hacken, mit den Semmelbröseln und dem Senf vermischen und das Filet rund-

herum mit der Masse einstreichen. Bei 210°C je nach gewünschter Garstufe backen.
Die feingewürfelten Zwiebeln in der Butter glasieren, mit der fertigen braunen Sauce aufgießen und mit Sahne verfeinern.
Das fertige Rinderfilet in Scheiben portionieren, auf einen vorgewärmten Teller legen und mit Zwiebelsauce überziehen.
Das Gemüse kann um die Filetscheiben angerichtet werden. Dazu auf separater Platte Kartoffeln reichen.

Lammkeule mit Füllung

4 Personen
schwer

1 Lammkeule (ca. 2,5 kg)
300 g TK-Spinat
2 Scheiben Toastbrot
2 Knoblauchzehen, gepreßt
2 Becher Frischkäse mit Kräutern (a 150 g)
je 1 Tl. Thymian, Rosmarin
2 - 3 Eßl. Olivenöl
Salz, Pfeffer
2 Lorbeerblätter
1/4 l Rotwein
1/4 l Brühe
evtl. Mehl zum Binden

Knochen aus der Keule lösen oder vom Schlachter vorbereiten lassen. Keule von grobem Fett und Sehnen befreien. Spinat auftauen lassen, Brot in Würfel schneiden. Spinat, Brot, Knoblauch, 1,5 Becher Frischkäse und Gewürze vermengen. Lammkeule damit füllen und mit Küchengarn verschließen. Öl in einen Bräter geben, Keule und Knochen hineinlegen, würzen, Lorbeer und Rotwein hinzufügen und im geschlossenen Gefäß bei 225 - 250 °C etwa 50 Minuten im Backofen braten. Restlichen Käse in Rotwein verrühren. Braten damit einstreichen und bei etwa 175 - 200°C etwa 60 Minuten weiterbraten. Backofen ausstellen, Braten 10 Minuten ziehen lassen. Fleisch herausnehmen, warm stellen, Bratenfond und Brühe lösen und eine Soße herstellen. Mit Salz, Pfeffer, Rotwein abschmecken.

Dazu passen Kräuterkartoffeln und gegrillte Tomaten.

Pfundstopf

8 - 10 Personen
leicht

500 g Rindergulasch
500 g Schweinegulasch
500 g geräucherter durchwachsener Speck
1 Knoblauchzehe
800 g rote und grüne Paprika
800 g Gemüsezwiebeln
1 Dose Tomaten (480 g)
1 Tl. Curry
Salz, Pfeffer
2 Gläser Mexiko-Soße (je 250 ml)
200 g Sahne

Den Speck würfeln, den Knoblauch zerdrücken, die Paprika in Streifen und die Zwiebeln in Scheiben schneiden. Nun das Fleisch und das Gemüse, auch die Tomaten, abwechselnd in einen Bräter schichten, würzen.
Mexiko-Soße und Sahne verrühren und darüber gießen. Das geschlossene Gefäß in den kalten Backofen setzen, 2 - 2,5 Stunden bei 225 °C garen.

Dips zu Pellkartoffeln

4 - 6 Personen
leicht

Dip mit Gurke
2 Becher Bulgara-Joghurt
1/2 grüne Gurke
1 Knoblauchzehe
Salz, Pfeffer
1 Zweig Dill
1 Eßl. Weinessig
1 Eßl. Olivenöl

Dip mit Käse
200 g Frischkäse
50 g fein geriebener Emmentaler
1 Becher Sahne-Joghurt
1 - 2 Eßl. Milch
1/2 Tl. grüner Pfeffer
Salz
etwas geriebene Zitronenschale
Je 1 rote, grüne und gelbe Paprika
4 Basilikumblättchen

Die jeweiligen Zutaten klein schneiden und der Reihenfolge nach verrühren.

Hadeler Klüten

4 Personen
leicht

1/2 kg Mehl
1/2 l Wasser
etwas Butter oder Margarine
Salz
Pfeffer
Paprika

Mehl, Fett und Gewürze in eine Rührschüssel geben, kochendes Wasser zuführen, verrühren, die Klöße formen (nicht zu lange, sonst werden die Klöße wie Gummi!) und anschließend in kochendes Salzwasser geben. Wenn die Klöße oben schwimmen sind sie gar; schmeckt köstlich zu Sauerkraut.

Klassischer Feinschmecker Salat

4 Personen
leicht

8 Kartoffeln
4 - 5 Scheiben kalter Braten
1 Apfel
1 Salatgurke
2 - 3 Sardellen-Filets
einige Kapern
3 Eßl. Mayonnaise
2 hartgekochte Eier
4 - 6 Oliven
4 Salamischeiben

Die geschälten Kartoffeln kochen, auskühlen lassen und in nicht zu dünne Streifen schneiden. Den kalten Braten, den geschälten Apfel und die Salatgurke ebenfalls in Streifen schneiden. Sardellen und Kapern kleinstückeln und mit der Mayonnaise vermengen und dann ganz behutsam mit den anderen geschnittenen Zutaten vermischen, ohne diese dabei zu zerdrücken. Den Salat in eine Schüssel füllen, ein wenig andrücken und auf eine Servierplatte stürzen. Den entstandenen Salatberg mit Eivierteln, Salami und Oliven garnieren.

Warmer Kartoffelsalat mit Speck

6 Personen
leicht

1 kg Kartoffeln
6 Zwiebeln
8 Eßl. Essig
1/8 l Wasser
Salz, Pfeffer, Zucker, Senf
fetter Speck
Schnittlauch

Pellkartoffeln kochen, abschrecken und sofort pellen, in Scheiben schneiden, salzen und pfeffern. Zwiebeln fein hacken und dazugeben. Essig, Wasser, Zucker und Senf nach Geschmack anrühren, erhitzen, heiß über die Kartoffeln gießen und durchschwenken. Den fein gewürfelten Speck in einer Pfanne auslassen und dann ebenso heiß zu den Kartoffeln gießen. Nochmals gut vermischen und mit Schnittlauch bestreut warm servieren. Dazu schmecken sehr gut Sülze und nach Belieben auch Würstchen oder Fleisch.

Kartoffelpuffer

4 Personen
leicht

500 g Kartoffeln
1 Ei
Salz
3 Eßl. Mehl
4 Eßl. Milch

Die geschälten rohen Kartoffeln werden im Wasser gerieben und durch ein Sieb abgegossen. Dann vermengt man sie mit den übrigen Zutaten und backt in der Pfanne im heißen Fett kleine Plätzchen.
Die Puffer müssen ganz dünn und kroß gebacken sein.
Man reicht sie mit Kompott, Apfelmus oder Kronsbeeren.

Köstliche
Elbe-Obst

Harte Brötchen

leicht

500 g Weizenmehl,
15 g Hefe,
1/2 l Wasser,
etwas Salz
Mohnsamen

Man stellt aus den Zutaten einen Hefeteig her, formt mit der Hand kleine Brötchen, kerbt diese ein und lässt sie gehen. Dann werden sie mit Milch bestrichen, mit Mohn bestreut und bei starker feuchter Hitze gebacken.

Weißbrot

leicht

1 kg Weizenmehl,
30 g Hefe,
1/2 l Milch
1 Eßl. Salz
2 Eßl. Zucker

Aus den Zutaten stellt man einen Hefeteig her, formt ein Brot daraus, lässt dieses gehen und backt es dann bei starker Hitze.

Pflaumen- oder Apfelkuchen

mittel

Teig
500 g Mehl
175 g Butter
250 g Zucker
30 g Hefe
1/8 l Milch
etwas ger. Zitronenschale

30 g süße, 5 g bittere Mandeln
50 g Butter
1 - 1,5 kg Pflaumen oder Äpfel

Guss
250 g Zucker
1/8 l süße Sahne
3 Eigelb
1 Ei
geriebene Zitronenschale

Man stellt einen Hefeteig her, rollt diesen auf einem Kuchenblech aus, bestreicht ihn mit 50 g flüssiger Butter und streut gehackte Mandeln darauf. Die Pflaumen werden entsteint, indem man sie halb aufschneidet. Dann legt man sie mit der Schnittseite nach oben auf den Teig und bestreut sie mit Zucker. Will man Äpfel verwenden, so schneidet man diese in Scheiben und schmort sie mit Zucker und legt sie dann abgekühlt auf den Teig.

Die Zutaten für den Guß verquirlt man miteinander; man gießt ihn auf den Kuchen, wenn dieser halb gar ist.

Sandkuchen oder Marmorkuchen

leicht

500 g Margarine o. Butter
500 g Zucker
8 Eier
500 g Mehl
1 Tl. Backpulver
3 Eßl. Rum

Butter mit Zucker sahnig rühren, dann das Eigelb dazu geben und gut durchmengen. Das Eiweiß zu Schnee schlagen. Das mit Backpulver gemischte Mehl dazugeben und den Rum dem Eischnee unterrühren.
Wenn man einen Marmorteig haben will, muss man den Teig dreiteilen und den mittleren Teil mit 2 Esslöffeln Kakao, 2 Esslöffeln Zucker und dem Eischnee von einem Ei durchrühren. Erst einen halben Teig, danach den Kakaoteig, dann wieder einen halben Teig in die Kastenform füllen. In den kalten Backofen stellen und auf 150 Grad erst eine halbe Stunde, dann auf 175 Grad noch etwa eine Stunde backen lassen. Man muss vorweg gleich ein Eiweiß von den 8 Eiern für das Kakaogemisch überlassen!

Zitronenkuchen

leicht

500 g Butter
300 g Zucker
5 Eier
500 g Mehl
1 Pckg. Backpulver
2 Tl. Maizena
Saft einer Zitrone
Puderzucker

Butter sahnig rühren, dann Zucker und die ganzen Eier dazu geben. Danach das Mehl mit Backpulver und Maizena vermischen und darunter rühren. Etwa 60 Minuten bei 175 Grad backen. Danach den heißen Kuchen gleich aus der Form stürzen. Mit einem halben Päckchen Puderzucker, mit dem Saft einer Zitrone und etwas heißem Wasser einen Zuckerguss anrühren. Den Zuckerguss über den erkalteten Kuchen streichen.

Bremer Klaben

(2 große Klaben auf Blech)
leicht

1/2 l Milch
180 g Hefe
500 g Butter
1,5 kg Mehl
1 kg Rosinen
500 g Korinthen
1 Ei
2 Tl. Salz
250 g Succade
geriebene Schale von 2 Zitronen
200 g Zucker
1 Schnapsglas voll Rosenwasser
10 g Kardamom
1/2 Pckg. Zimt

Milch und Hefe gehen lassen, die Butter sahnig rühren. Alle Zutaten vermengen. Noch einmal 2 Stunden gehen lassen. Danach gleich in den Ofen schieben und 1,5 Stunden bei etwa 150 Grad Heißluft backen.

NIEDERSACHSEN
Zeitschrift für Kultur, Geschichte, Heimat und Natur seit 1895
4 x im Jahr
+ 1 Sonderheft
www.zeitschrift-niedersachsen.de
Aschenbeck & Oeljeschläger - Heemstraße 70 - 27793 Wildeshausen
Tel. 04431/9559878 - Fax. 04431/9559879 - culturcon@t-online.de
(Anzeige)